Esta **pelota de golf** está **cerca**.

Esta pelota de golf
está **lejos**.

Este **avión** está cerca.

Este avión está lejos.

Este **lago** está cerca.

Estas **montañas** están lejos.

Lista de palabras

Palabras básicas

esta

estas

este

Palabras para conocer

avión

cerca

lago

lejos

montañas

pelota de golf

28 Palabras

Esta **pelota de golf** está **cerca**.

Esta pelota de golf está **lejos**.

Este **avión** está cerca.

Este avión está lejos.

Este **lago** está cerca.

Estas **montañas** están lejos.

Written by: Amy Culliford
Translation to Spanish: Gilda Kupferman
Designed by: Rhea Wallace
Series Development: James Earley
Proofreader: Janine Deschenes
Educational Consultant: Marie Lemke M.Ed.
Photographs:
Shutterstock: Sufi: cover, p. 1; Don Pablo: p. 3, 14; Ollyy:
    p. 5, 14; Dima Moroz: p. 6, 14; ms.nen: p. 9; Alessandro
    Cancian: p. 11, 14; 1tomm: p. 13, 14

DIRECCIONES EN MI Mundo

CERCA Y LEJOS

Library and Archives Canada
Cataloguing in Publication

CIP available at Library and
Archives Canada

Library of Congress Cataloging-in-Publication Data

CIP available at Library of Congress

Crabtree Publishing Company

www.crabtreebooks.com   1-800-387-7650

Printed in the USA/062022/ CG20220124

Published in the United States
Crabtree Publishing
347 Fifth Avenue, Suite 1402-145
New York, NY, 10016

Published in Canada
Crabtree Publishing
616 Welland Ave.
St. Catharines, Ontario L2M 5V6

Apoyos de la escuela a los hogares para cuidadores y maestros

Este libro ayuda a los niños en su desarrollo al permitirles practicar la lectura. Abajo están algunas preguntas guía para ayudar al lector a fortalecer sus habilidades de comprensión. En rojo hay algunas opciones de respuesta.

Antes de leer:
- ¿De qué pienso que trata este libro?
  - *Pienso que este libro es sobre las direcciones.*
  - *Pienso que este libro es sobre el significado de cerca y de lejos.*
- ¿Qué quiero aprender sobre este tema?
  - *Quiero aprender cuando algo está cerca y cuando algo está lejos.*
  - *Quiero aprender la diferencia entre cerca y lejos.*

Durante la lectura:
- Me pregunto por qué...
  - *Me pregunto por qué los aviones se ven pequeños cuando estan en el cielo.*
  - *Me pregunto por qué las montañas se ven grande cuando tu estás cerca.*
- ¿Qué he aprendido hasta ahora?
  - *Aprendí que las direcciones cerca y lejos están a mi alrededor.*
  - *Aprendí como se ve cerca y lejos.*

Después de leer:
- ¿Qué detalles aprendí de este tema?
  - *Aprendí que los objetos cambian cuando estan cerca y lejos o cuando al movernos hacia o fuera del objeto.*
  - *Aprendí que los objetos se ven más pequeños de lo que son cuando están lejos.*
- Lee el libro una vez más y busca las palabras del vocabulario.
  - *Veo las palabras **pelota de golf** en la página 3 y la palabra **avión** en la página 7. Las demás palabras del vocabulario están en la página 14.*

CERCA

DIRECCIONES
EN MI Mundo

Y LEJOS

AMY CULLIFORD

Traducción de Gilda Kupferman

Un libro de Las Raíces de Crabtree

CRABTREE
Publishing Company
www.crabtreebooks.com